Urso Castanho, Urso Castanho, O Que É Que Tu Vês?

Brown Bear, Brown Bear, What Do You See?

Pictures by Eric Carle

Urso Castanho, Urso Castanho, O Que É Que Tu Vês?

Brown Bear, Brown Bear, What Do You See?

by Bill Martin, Jr.

Mantra Lingua

Urso castanho, urso castanho,
o que é que tu vês?

Brown bear, brown bear,
what do you see?

Vejo um pássaro vermelho
a olhar para mim.

I see a red bird
looking at me.

Pássaro vermelho,
pássaro vermelho,
o que é que tu vês?

Red bird, red bird,
what do you see?

Vejo um pato amarelo
a olhar para mim.

I see a yellow duck
looking at me.

Pato amarelo, pato amarelo,
o que é que tu vês?

Yellow duck, yellow duck,
what do you see?

Vejo um cavalo azul
a olhar para mim.

I see a blue horse
looking at me.

Cavalo azul, cavalo azul,
o que é que tu vês?

Blue horse, blue horse,
what do you see?

Vejo uma rã verde
a olhar para mim.

I see a green frog
looking at me.

Rã verde, rã verde,
o que é que tu vês?

Green frog, green frog,
what do you see?

Vejo um gato roxo
a olhar para mim.

I see a purple cat
looking at me.

Gato roxo, gato roxo,
o que é que tu vês?

Purple cat, purple cat,
what do you see?

Vejo um cão branco
a olhar para mim.

I see a white dog
looking at me.

Cão branco, cão branco,
o que é que tu vês?

White dog, white dog,
what do you see?

Vejo uma ovelha preta
a olhar para mim.

I see a black sheep
looking at me.

Ovelha preta, ovelha preta,
o que é que tu vês?

Black sheep, black sheep,
what do you see?

Vejo um peixe-dourado
a olhar para mim.

I see a goldfish
looking at me.

Peixe-dourado, peixe-dourado,
o que é que tu vês?

Goldfish, goldfish,
    what do you see?

Vejo um macaco
a olhar para mim.

I see a monkey
looking at me.

Macaco, macaco,
o que é que tu vês?

Monkey, monkey,
what do you see?

Vejo crianças
a olharem para mim.

I see children
looking at me.

Crianças, crianças,
o que é que vocês vêem?

Children, children,
what do you see?

um pássaro vermelho   a red bird

Vimos um urso castanho

We see a brown bear

uma rã verde   a green frog

uma ovelha preta   a black sheep

um peixe-dourado   a goldfish

um pato amarelo   a yellow duck

um cavalo azul   a blue horse

um gato roxo   a purple cat

um cão branco   a white dog

e um macaco a olhar para nós.
É isso o que nós vemos.

and a monkey looking at us.
That's what we see.

Text copyright © 1967, 1983 Holt Rinehart and Winston
Illustration copyright © 1984 Eric Carle
Dual language copyright © 2004 Mantra Lingua

This edition 2017

ISBN 978 1 84444 159 4

A CIP record for this book is available from the British Library

First published in dual language in Great Britain 2004 by Mantra Lingua Ltd
Global House, 303 Ballards Lane, London N12 8NP, UK
www.mantralingua.com

Printed in Paola,Malta MP300517PB06171594